하루 두 장 맞춤법 완전 정복

"마법의 맞춤법 띄어쓰기"

1-2 틀리기 쉬운 낱말 완전 정복(ㅅ~ㅎ)

생각디딤돌 창작교실 엮음
동리문학원 감수
문학나무 편집위원회 감수

생각디딤돌

차례

틀리기 쉬운 낱말 2

ㅅ / ㅇ 으로 꾸며진 낱말

ㅈ / ㅊ / ㅋ 으로 꾸며진 낱말

ㅌ / ㅍ / ㅎ 으로 꾸며진 낱말

하루 2장의 기적!
틀리기 쉬운 낱말을 정복하고
국어 왕 되기!

틀리기 쉬운 낱말 완전 정복하기!

언어를 빠르고 편하게 배우고 익힐 수 있는 방법은 아빠, 또는 엄마한테 배우는 것입니다. 아기는 아빠나 엄마 등 가족의 말을 반복해서 듣고 자라면서 자연스럽게 언어를 배우고 익힙니다. 그런 것처럼 초등 한글 맞춤법도 틀리기 쉬운 낱말을 반복해서 배우고 익히다 보면 자연스럽게 내 것이 됩니다.

동화책이나 다른 여러 책을 읽을 때는 재미 위주로 읽기 때문에 낱말을 정확히 기억하기 어렵습니다. 하지만 《틀리기 쉬운 낱말 완전 정복》은 틀린 줄도 모른 채 넘어갈 수 있는 단어들을 정확하게 머릿속에 입력할 수 있도록 꾸몄습니다. 아기가 엄마가 하는 말을 반복해 들으면서 완전하게 따라 하듯이 말이죠.

모든 교과 학습의 시작인 글자 바로 쓰기!

누군가 읽기도 어렵고 함부로 휘갈겨 쓴 손글씨를 보여 준다면 썩 기분 좋은 일은 못 될 것입니다. 반대로 바른 글씨체로 또박또박 쓴 손글씨를 읽는다면 그 글씨를 쓴 사람에 대해서도 높은 점수를 줄 것입니다.

스마트폰이 보급되고 멀티미디어 교육 환경이 갖추어지면서 글씨를 쓰는 일이 많이 줄어들고, 컴퓨터 키보드나 스마트폰 터치를 통한 타이핑이 더 익숙해졌습니다. 하지만 바른 글씨는 실제로 학습에도 영향을 미친다는 것을 잊지 말아야 합니다. 《틀리기 쉬운 낱말 완전 정복》에는 안내 선이 표시되어 있어 안내 선을 따라 글씨를 쓰다 보면 바른 글쓰기 훈련을 할 수 있습니다.

미래의 경쟁력인 글쓰기!

미국 하버드 대학이 신입생 대상 글쓰기 프로그램을 의무화한 것은 1872년입니다. 자그마치 거의 150년 전입니다. 자기 분야에서 진정한 프로가 되려면 글쓰기 능력을 길러야 한다는 것이 목적이었습니다. 우리나라는 어떨까요? 서울대는 2017년 6월에야 '글쓰기 지원센터'를 설립했습니다.

어느 분야로 진출하든 글쓰기는 미래 경쟁력입니다. 《틀리기 쉬운 낱말 완전 정복》은 짧은 글이라도 매일 써 보는 훈련을 할 수 있도록 꾸몄습니다. 따라 쓰기를 하다 보면 내 글이 자연스럽게 나오기 때문입니다.

짧은 글이라도 매일 써 보는 훈련의 필요성!

어린이들이 글쓰기를 즐기게 하려면 제일 먼저 해야 할 일이 '원고지 만만하게 보기'입니다. 어떤 글이든 빨간 펜으로 잘못된 곳을 일일이 교정해 주기 보다는 칭찬을 먼저 해 준다면 '원고지 만만하게 보기'는 아주 쉽게 해결될 것입니다. 《틀리기 쉬운 낱말 완전 정복》 교재를 통해 우리 어린이들이 글쓰기를 두려워하기보다는 '쉽고 만만한' 재미있는 놀이로 여길 수 있기를 기대해 봅니다.

살코기(○) 살고기(×)

'살코기'는 기름기나 힘줄, 뼈 따위를 발라낸, 순 살로만 된 고기를 말합니다.

장조림에 쓸 살코기 주세요.
동생은 연한 살코기만 좋아해요.

따라서 써 볼까요?

할 머 니 를 위 해 살 코 기

할 머 니 를 위 해 살 코 기

를 다 졌 어 요 .

를 다 졌 어 요 .

(　　) 안의 틀린 낱말을 바르게 써 볼까요?

연한 (살고기)를 샀어요.

문장에 맞게 띄어쓰기를 해 볼까요?

카레에넣을연한살코기

정답 : 카레에 넣을 연한 살코기

생쥐(○) 새앙쥐(×)

예전에는 '새앙쥐'로 썼지만 지금은 '생쥐'가 표준어가 되었습니다.

생쥐는 몸집이 작아요. 그런데 왜 생쥐는 엄청 무서울까요?
속담 : 생쥐 새끼 같다. → 생김새가 매우 작다는 뜻.

따라서 써 볼까요?

생	쥐	가		벽		틈	으	로		들
생	쥐	가		벽		틈	으	로		들
어	왔	어	요	.						
어	왔	어	요	.						

(　　) 안의 틀린 낱말을 바르게 써 볼까요?

찍찍대는 (새앙쥐) 소리

문장에 맞게 띄어쓰기를 해 볼까요?

어둠속에서생쥐가뛰어요.

정답 : 어둠 속에서 생쥐가 뛰어요.

설거지(○) 설겆이(×)

아빠는 설거지를 잘 도와줘요. 아빠가 설거지를 하면 나는 식탁을 닦아요.

속담 : 곰이 설거지하듯. → 일을 해도 보람이 없는 경우.

따라서 써 볼까요?

음 식 을 　 먹 고 　 난 　 그 릇

음 식 을 　 먹 고 　 난 　 그 릇

을 　 설 거 지 했 어 요 .

을 　 설 거 지 했 어 요 .

(　　) 안의 틀린 낱말을 바르게 써 볼까요?

엄마가 (설겆이)를 했어요.

문장에 맞게 띄어쓰기를 해 볼까요?

설거지는정말힘들어요.

정답 : 설거지는 정말 힘들어요.

소꿉놀이(○) 소꼽놀이(×)

'소꿉놀이'는 소꿉을 가지고 노는 아이들의 놀이를 뜻합니다.

친구들과 소꿉놀이를 하고 있었어요.
혼자 놀던 동생이 갑자기 소꿉놀이를 방해했어요.

따라서 써 볼까요?

친	구	들	이		모	여	서		소	꿉
친	구	들	이		모	여	서		소	꿉
놀	이	를		하	고		있	어	요	.
놀	이	를		하	고		있	어	요	.

(　　) 안의 틀린 낱말을 바르게 써 볼까요?

(소꼽놀이)를 했어요.

문장에 맞게 띄어쓰기를 해 볼까요?

소꿉놀이는항상재미있어요.

정답 : 소꿉놀이는 항상 재미있어요.

솔직히(○) 솔직이(×)

'솔직히'는 거짓이나 숨김이 없이 바르고 곧다는 뜻입니다.

어제 엄마한테 했던 거짓말을 솔직히 고백하고 용서를 받았어요.
묻는 말에 솔직히 대답하면 된다고 했거든요.

따라서 써 볼까요?

솔직히 말해서 나는

솔직히 말해서 나는

친구가 부럽습니다.

친구가 부럽습니다.

(   ) 안의 틀린 낱말을 바르게 써 볼까요?

묻는 말에 (솔직이) 대답해라!

문장에 맞게 띄어쓰기를 해 볼까요?

솔직히나는동생이싫어요.

정답 : 솔직히 나는 동생이 싫어요.

술래잡기(○) 술레잡기(×)

숨바꼭질은 숨어 있는 사람을 찾는 놀이인데,
숨은 사람을 찾는 사람을 술래라고 합니다.

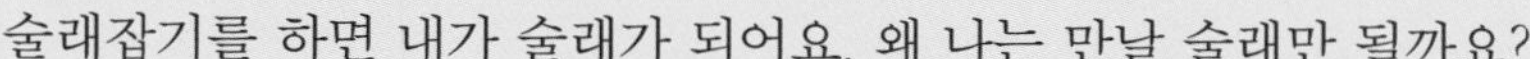

술래잡기를 하면 내가 술래가 되어요. 왜 나는 만날 술래만 될까요?

따라서 써 볼까요?

친	구	들	과		땀	을		흘	리	며
친	구	들	과		땀	을		흘	리	며

∨

술	래	잡	기	를		했	어	요	.	
술	래	잡	기	를		했	어	요	.	

(　　) 안의 틀린 낱말을 바르게 써 볼까요?

친구와 (술레잡기)를 했어요.

문장에 맞게 띄어쓰기를 해 볼까요?

나는술래잡기를좋아해요.

정답 : 나는 술래잡기를 좋아해요.

승낙(○) 승락(×)

'승낙'은 '누군가의 부탁이나 원하는 것을 들어줌을 뜻합니다.

동생 승낙을 받고 로봇을 갖고 놀았어요.
그런데 동생이 승낙한 걸 잊었는지 화를 냈어요.

따라서 써 볼까요?

엄마 승낙을 받고 친
엄마 승낙을 받고 친

구들과 놀았어요.
구들과 놀았어요.

( ) 안의 틀린 낱말을 바르게 써 볼까요?

엄마 (승락)이 떨어졌어요.

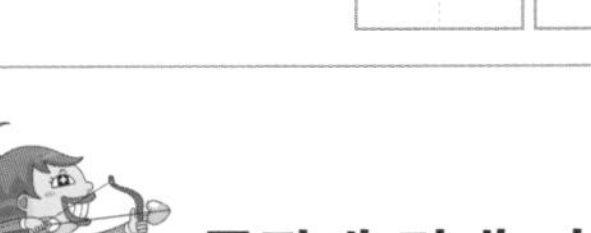

문장에 맞게 띄어쓰기를 해 볼까요?

승낙을꼭받아야해.

정답 : 승낙을 꼭 받아야 해.

시끌벅적(○) 시끌벅쩍(×)

'시끌벅적'은 사람들이 어수선하게 움직이며 시끄럽게 떠드는 모양을 뜻합니다.

교실에서 아이들이 시끌벅적 떠들었어요.
시끌벅적한 소리가 맹꽁이 우는 소리 같았어요.

따라서 써 볼까요?

아	이	들	이		시	끌	벅	적		떠
아	이	들	이		시	끌	벅	적		떠
들	고		있	어	요	.				
들	고		있	어	요	.				

(　　) 안의 틀린 낱말을 바르게 써 볼까요?

집 안이 (시끌벅쩍)했어요.

문장에 맞게 띄어쓰기를 해 볼까요?

시장은항상시끌벅적해요.

정답 : 시장은 항상 시끌벅적해요.

아기(○) 애기(×)

'아기'는 젖먹이 아이, 또는 짐승의 작은 새끼나 어린 식물을 귀엽게 이르는 말입니다.

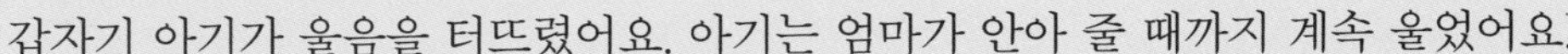

따라서 써 볼까요?

아 장 아 장 　 걷 던 　 아 기 가 ∨

아 장 아 장 　 걷 던 　 아 기 가

땅 바 닥 에 　 앉 았 어 요 .

땅 바 닥 에 　 앉 았 어 요 .

(　　) 안의 틀린 낱말을 바르게 써 볼까요?

방긋 웃는 (애기)는 귀여워요.

문장에 맞게 띄어쓰기를 해 볼까요?

엄마가아기를재웠어요.

정답 : 엄마가 아기를 재웠어요.

아지랑이(○) 아지랭이(×)

'아지랑이'는 주로 봄날 햇빛이 강하게 쬘 때 공기가 공중에서 아른아른 움직이는 현상을 말합니다.

아지랑이가 피어올랐어요. 봄이 되면 아지랑이가 먼저 나타나요.

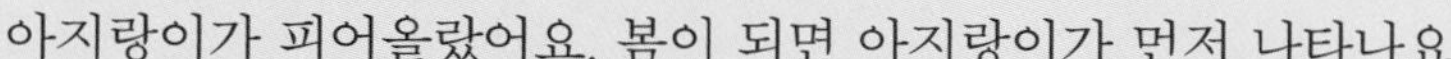

따라서 써 볼까요?

마	당	에	서		아	지	랑	이	가	
마	당	에	서		아	지	랑	이	가	
아	롱	아	롱		피	어	났	어	요	.
아	롱	아	롱		피	어	났	어	요	.

(　　) 안의 틀린 낱말을 바르게 써 볼까요?

봄마다 (아지랭이)가 나타나요.

문장에 맞게 띄어쓰기를 해 볼까요?

아지랑이가보이는들판

정답 : 아지랑이가 보이는 들판

어떡해(○) 어떻해(×)

'어떡해'는 '어떠하게 하다'의 줄임말입니다.

이렇게 늦게 일어나면 어떡해?
오늘도 지각하면 어떡하냐고!

따라서 써 볼까요?

어	제		한		약	속	을		잊	으
어	제		한		약	속	을		잊	으
면		어	떡	해	?					
면		어	떡	해	?					

(　　) 안의 틀린 낱말을 바르게 써 볼까요?

물을 쏟았으니 (어떻해)?

문장에 맞게 띄어쓰기를 해 볼까요?

아직도안오면어떡해.

정답 : 아직도 안 오면 어떡해.

예쁘다(○) 이쁘다(×)

'예쁘다'는 모양이나 행동이 보기 좋다는 뜻입니다.

동생은 엄마를 닮아서 얼굴이 참 예뻐요. 방긋 웃으면 더 예쁘고요.

속담 : 예쁜 자식 매로 키운다. → 귀한 자식일수록 엄하게 키워야 한다는 말.

따라서 써 볼까요?

네가 오늘 입은 옷은 ∨

네가 오늘 입은 옷은

아주 예쁘다.

아주 예쁘다.

( ) 안의 틀린 낱말을 바르게 써 볼까요?

세수를 하니까 (이쁘구나).

문장에 맞게 띄어쓰기를 해 볼까요?

책상을예쁘게꾸몄어요.

정답 : 책상을 예쁘게 꾸몄어요.

오뚝이(○) 오뚜기(×)

'오뚝이'는 밑을 무겁게 하여 오뚝오뚝 일어서는 어린아이들의 장난감입니다.

오뚝이가 쓰러졌다가 벌떡 일어났어요.
아기가 벌떡 일어나는 오뚝이가 신기했는지 손뼉을 치며 웃었어요.

따라서 써 볼까요?

넘	어	질		줄		모	르	는		오
넘	어	질		줄		모	르	는		오
뚝	이	가		신	기	했	어	요	.	
뚝	이	가		신	기	했	어	요	.	

(　　) 안의 틀린 낱말을 바르게 써 볼까요?

책상에 (오뚜기)가 있어요.

문장에 맞게 띄어쓰기를 해 볼까요?

오뚝이처럼다시일어나자!

정답 : 오뚝이처럼 다시 일어나자!

오랜만(○) 오랫만(×)

'오랜만'은 오래간만을 줄인 말입니다.

오랜만에 외가에 갔어요. 오랜만에 할머니를 만나서 정말 반가웠어요.
속담 : 목구멍의 때를 벗긴다. → 오랜만에 좋은 음식을 배부르게 먹음을 이르는 말.

따라서 써 볼까요?

오	랜	만	에		친	구	를		만	나
오	랜	만	에		친	구	를		만	나
서		반	가	웠	어	요	.			
서		반	가	웠	어	요	.			

(　　) 안의 틀린 낱말을 바르게 써 볼까요?

안녕, 정말 (오랫만)이야!

문장에 맞게 띄어쓰기를 해 볼까요?

오랜만에방청소를했어요.

정답 : 오랜만에 방 청소를 했어요.

왠지(○) 웬지(×)

'왠지'는 왜 그런지 모르게. 또는 뚜렷한 이유도 없이라는 뜻입니다.

친구 말을 듣다 보니 왠지 화가 났어요.
왠지 잘못될 것 같은 기분도 들었고요.

따라서 써 볼까요?

친	구		말	이		왠	지		믿	어
친	구		말	이		왠	지		믿	어
지	지		않	았	어	요	.			
지	지		않	았	어	요	.			

(   ) 안의 틀린 낱말을 바르게 써 볼까요?

(웬지) 기분이 좋아요.

문장에 맞게 띄어쓰기를 해 볼까요?

왠지아이스크림이싫었어요.

정답 : 왠지 아이스크림이 싫었어요.

외톨이(○) 외토리(×)

'외톨이'는 의지할 데 없이 외로운 사람을 뜻합니다.

얼마 전에 전학 온 아이가 외톨이처럼 혼자 놀았어요.
외톨이 같은 그 애가 안됐어서 같이 놀았어요.

따라서 써 볼까요?

친	구	가		없	으	니		외	톨	이
친	구	가		없	으	니		외	톨	이
가		된		것		같	았	어	요	.
가		된		것		같	았	어	요	.

(   ) 안의 틀린 낱말을 바르게 써 볼까요?

(외토리)처럼 혼자 놀아요.

문장에 맞게 띄어쓰기를 해 볼까요?

외톨이는정말심심해!

정답 : 외톨이는 정말 심심해!

우리나라(○) 저희 나라(×)

'저희'는 낮출 때 쓰는 말이므로 '저희 나라'가 아닌 '우리나라'라고 써야 맞습니다.

우리나라는 사계절이 뚜렷해요. 그래서 우리나라 사람은 옷이 많나 봐요.
속담 : 칠월 장마는 꾸어서라도 한다. → 우리나라의 칠월에는 반드시 장마가 있다는 뜻.

따라서 써 볼까요?

우리나라의 겨울 날씨

우리나라의 겨울 날씨

는 참 지독해요.

는 참 지독해요.

(　　) 안의 틀린 낱말을 바르게 써 볼까요?

(저희 나라)는 사계절이 뚜렷해요.

문장에 맞게 띄어쓰기를 해 볼까요?

우리나라에놀러와.

정답 : 우리나라에 놀러 와.

움큼(○) 웅큼(×)

'움큼'은 손으로 한 줌 움켜쥘 만한 분량을 세는 단위를 뜻합니다.

동생이 욕심꾸러기처럼 과자를 한 움큼 쥐었어요.
나도 얼른 과자를 한 움큼 쥐었어요.

따라서 써 볼까요?

한	꺼	번	에		한		움	큼	씩	
한	꺼	번	에		한		움	큼	씩	
먹	으	면		체	해	요	.			
먹	으	면		체	해	요	.			

(   ) 안의 틀린 낱말을 바르게 써 볼까요?

옥수수를 한 (웅큼) 쥐었어요.

문장에 맞게 띄어쓰기를 해 볼까요?

머리카락이한움큼빠져요.

정답 : 머리카락이 한 움큼 빠져요.

육개장(○) 육게장(×)

'육개장'은 쇠고기에 갖은 양념을 하여 얼큰하게 끓인 국을 말합니다.

아빠는 육개장을 몹시 좋아해요.
나도 아빠 닮아서 육개장을 좋아하나 봐요.

따라서 써 볼까요?

엄	마	가		끓	인		육	개	장	이
엄	마	가		끓	인		육	개	장	이
몹	시		매	웠	어	요	.			
몹	시		매	웠	어	요	.			

∨

(　　) 안의 틀린 낱말을 바르게 써 볼까요?

(육게장)이 맛있어요.

문장에 맞게 띄어쓰기를 해 볼까요?

육개장국물이뜨거웠어요.

정답 : 육개장 국물이 뜨거웠어요.

이파리(○) 잎파리(×)

'이파리'는 나무나 풀의 살아 있는 낱 잎을 말합니다.

바람이 불자 은행나무 이파리가 춤을 추었어요.
벚나무 이파리도 덩달아 춤을 추었고요.

따라서 써 볼까요?

바	람	이		불	자		나	무		이
바	람	이		불	자		나	무		이
파	리	가		흔	들	렸	어	요	.	
파	리	가		흔	들	렸	어	요	.	

(　　) 안의 틀린 낱말을 바르게 써 볼까요?

장미 (잎파리)가 떨어졌어요.

문장에 맞게 띄어쓰기를 해 볼까요?

이파리가점점파래졌어요.

정답 : 이파리가 점점 파래졌어요.

낱말 퀴즈 박사 되기

1

아래 글을 읽고, 맞는 단어에 ○해 볼까요?

1. 할머니 집 부엌에 (생쥐 / 새앙쥐)가 살아요.
2. 동생하고 (설겆이 / 설거지)를 했어요.
3. 친구들과 (술래잡기 / 술레잡기)를 하며 놀았어요.
4. 얼마 전에 (아기 / 애기)가 태어났어요.
5. (아지랭이 / 아지랑이)를 보니까 어지러웠어요.
6. 동생이 (오뚝이 / 오뚜기)처럼 벌떡 일어났어요.
7. 할머니 집에 (오랜만에 / 오랫만에) 왔어요.
8. (우리나라 / 저희 나라)에는 문화재가 많아요.
9. 아빠는 엄마가 끓인 (육게장 / 육개장)을 좋아해요.
10. 봄이 되니 나무 (잎파리 / 이파리)가 파랗게 돋았어요.

정답

1 1. 생쥐 2. 설거지 3. 술래잡기 4. 아기 5. 아지랑이 6. 오뚝이 7. 오랜만에 8. 우리나라 9. 육개장 10. 이파리

2 1. 생쥐 2. 아기 3. 예쁘게

3 1. 아지랑이 2. 육개장 3. 생쥐 4. 이파리 5. 우리나라

2

낱말을 찾아 어린이 시를 완성해 볼까요?

- 아기
- 예쁘게
- 생쥐

제목 : 우리는 붕어빵

앨범을 보다 깜짝 놀랐어요.
고양이가 무서워서
(   )처럼 울고 있는
못난이 동생이 앨범 속에 있었어요.
"그 (   )가 바로 너야!"
엄마 말에 또 깜짝 놀랐어요.
"내가 이렇게 못생겼다고?"
자거나, 울거나, 먹거나,
똥 쌀 줄밖에 모르는 내 동생이
(   ) 느껴졌어요.

3

끝말잇기에 맞는 낱말을 찾아볼까요?

- 아지랑이
- 생쥐
- 이파리
- 우리나라
- 육개장

1. (   ) ▸▸ 이빨 ▸▸ 빨대 ▸▸ 대장
2. (   ) ▸▸ 장대 ▸▸ 대문 ▸▸ 문제
3. 유리창 ▸▸ 창고 ▸▸ 고생 ▸▸ (   )
4. 참새 ▸▸ 새벽종 ▸▸ 종이 ▸▸ (   )
5. 금고 ▸▸ 고깃배 ▸▸ 배우 ▸▸ (   )

자장면(○) 짜장면(○)

'자장면'과 '짜장면'은 모두 표준어입니다.

오빠는 자장면을 굉장히 좋아해서 거의 매일 먹어요.
나는 오빠만큼은 아니지만 짜장면을 자주 먹는 편이에요.

따라서 써 볼까요?

동	생	이		짜	장	면		곱	빼	기
동	생	이		짜	장	면		곱	빼	기
를		다		먹	었	어	요	.		
를		다		먹	었	어	요	.		

( ) 안의 낱말을 따라서 써 볼까요?

(자장면 / 짜장면)을 먹어요.

문장에 맞게 띄어쓰기를 해 볼까요?

자장면은맛있어요.

정답 : 자장면은 맛있어요.

잔디(○) 잔듸(×)

'잔디'는 물잔디, 금잔디, 갯잔디 등이 있습니다.

아빠가 정원의 잔디를 깎으면 나는 깎은 잔디를 한데 모아요.
속담 : 잔디밭에서 바늘 찾기. → 아무리 애쓰며 수고해도 찾을 수 없는 경우.

따라서 써 볼까요?

잔 디 밭 에 앉 아 책 을

잔 디 밭 에 앉 아 책 을

읽 었 어 요 .

읽 었 어 요 .

(　　) 안의 틀린 낱말을 바르게 써 볼까요?

(잔듸)밭에서 놀았어요.

문장에 맞게 띄어쓰기를 해 볼까요?

잔디가많이자랐어요.

정답 : 잔디가 많이 자랐어요.

장롱(○) 장농(×)

'장롱'은 옷이나 이불 등을 넣어 두는 가구입니다.

동생이 숨바꼭질을 한다면서 장롱에 들어가 숨었어요.
숨어 있다 장롱 안에서 잠들었어요.

따라서 써 볼까요?

자	고		일	어	나		이	불	을	
자	고		일	어	나		이	불	을	
장	롱		안	에		넣	었	어	요	.
장	롱		안	에		넣	었	어	요	.

(　　) 안의 틀린 낱말을 바르게 써 볼까요?

동생이 (장농) 안에 숨었어요.

문장에 맞게 띄어쓰기를 해 볼까요?

장롱이몹시낡았어요.

정답 : 장롱이 몹시 낡았어요.

재떨이(○) 재털이(×)

'재떨이'는 담뱃재를 떨어놓는 그릇을 말합니다.

우리 집에는 재떨이가 없어요.
아빠가 담배를 끊은 뒤에 재떨이를 없앴어요.

따라서 써 볼까요?

옛	날	에	는		집	집	마	다		재
옛	날	에	는		집	집	마	다		재
떨	이	가		있	었	대	요	.		
떨	이	가		있	었	대	요	.		

(　　) 안의 틀린 낱말을 바르게 써 볼까요?

엄마가 (재털이)를 치웠어요.

문장에 맞게 띄어쓰기를 해 볼까요?

꽁초는재떨이에버리세요.

정답 : 꽁초는 재떨이에 버리세요.

재작년(○) 제작년(×)

'재작년'은 지난해의 바로 전 해를 뜻합니다.

삼촌은 재작년에 군대에 갔어요.
고모도 재작년에 결혼을 했고요.

따라서 써 볼까요?

동	생	은		재	작	년		일	도	
동	생	은		재	작	년		일	도	
다		기	억	했	어	요	.			
다		기	억	했	어	요	.			

안의 틀린 낱말을 바르게 써 볼까요?

누나는 (제작년)에 결혼했어요.

문장에 맞게 띄어쓰기를 해 볼까요?

나는재작년에입학했어요.

정답 : 나는 재작년에 입학했어요.

젓갈(○) 젓깔(×)

'젓갈'은 생선이나 생선의 알, 조개 등을 소금에 절여서 삭힌 음식입니다.

우리 가족은 젓갈 종류를 좋아해요.
그중에서도 멸치젓갈을 즐겨 먹어요.

따라서 써 볼까요?

라	면	에		젓	갈	을		넣	어	
라	면	에		젓	갈	을		넣	어	
끓	이	면		맛	있	어	요	.		
끓	이	면		맛	있	어	요	.		

(　　) 안의 틀린 낱말을 바르게 써 볼까요?

젓가락으로 (젓깔)을 집었어요.

문장에 맞게 띄어쓰기를 해 볼까요?

짠젓갈은많이못먹어요.

정답 : 짠 젓갈은 많이 못 먹어요.

즐거이(○) 즐거히(×)

'즐거이'는 '마음에 거슬림이 없이 흐뭇하고 기쁘게'라는 뜻입니다.

저녁 시간에 온 가족이 즐거이 이야기를 나누었어요.
즐거이 이야기를 나누다 보면 행복하다는 생각이 들어요.

따라서 써 볼까요?

아	이	들	이		즐	거	이		노	래
아	이	들	이		즐	거	이		노	래
를		불	렀	어	요	.				
를		불	렀	어	요	.				

(   ) 안의 틀린 낱말을 바르게 써 볼까요?

친구와 (즐거히) 이야기를 나누어요.

문장에 맞게 띄어쓰기를 해 볼까요?

공부는즐거이해야해요.

정답 : 공부는 즐거이 해야 해요.

집게(○) 찝게(×)

'집게'는 물건을 집는 데 쓰는 도구를 뜻합니다.

우리는 공원에서 집게로 쓰레기를 주웠어요.
집게로 칼싸움 놀이도 했고요.

따라서 써 볼까요?

동	생	이		집	게	로		배	추	벌
동	생	이		집	게	로		배	추	벌
레	를		잡	았	어	요	.			
레	를		잡	았	어	요	.			

(　　) 안의 틀린 낱말을 바르게 써 볼까요?

빨래를 (찝게)로 집었어요.

문장에 맞게 띄어쓰기를 해 볼까요?

꽃게는집게발이무서워.

정답 : 꽃게는 집게발이 무서워.

찌개(○) 찌게(×)

'찌개'는 고기, 채소, 생선 등에 국물을 조금 붓고, 된장이나 고추장으로 간을 해서 끓인 반찬입니다.

엄마가 끓인 생선찌개는 맛있어요.
생선찌개는 우리 가족이 모두 좋아하는 음식이에요.

따라서 써 볼까요?

찌	개		국	물	을		먹	었	더	니
찌	개		국	물	을		먹	었	더	니

∨

맛	있	었	어	요	.					
맛	있	었	어	요	.					

( ) 안의 틀린 낱말을 바르게 써 볼까요?

(찌게)를 먹었어요.

문장에 맞게 띄어쓰기를 해 볼까요?

찌개에밥을비벼먹었어요.

정답 : 찌개에 밥을 비벼 먹었어요.

찌푸리다(○) 찌뿌리다(×)

'찌푸리다'는 날씨가 흐리거나 눈살을 몹시 찡그릴 때 쓰는 말입니다.

하늘이 잔뜩 찌푸리고 있어요.
고양이처럼 찌푸린 날씨는 화가 잔뜩 난 내 동생 닮았어요.

따라서 써 볼까요?

햇	살	에		눈	이		부	셔		얼
햇	살	에		눈	이		부	셔		얼
굴	을		찌	푸	렸	어	요	.		
굴	을		찌	푸	렸	어	요	.		

(　　) 안의 틀린 낱말을 바르게 써 볼까요?

얼굴을 (찌뿌려요).

문장에 맞게 띄어쓰기를 해 볼까요?

잔뜩찌푸린고양이얼굴

정답 : 잔뜩 찌푸린 고양이 얼굴

차례(○) 차례(×)

여러 사람이 차를 탈 때에는 차례대로 줄을 서야 해요.
차례를 안 지키는 사람한테는 절대 양보하면 안 돼요.

속담 : 앞에 할 말 뒤에 하고 뒤에 할 말 앞에 한다. → 일의 차례가 바뀌었음을 뜻함.

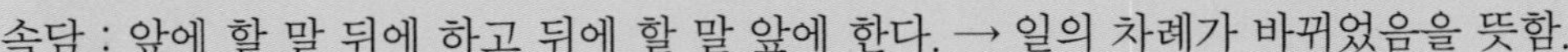

따라서 써 볼까요?

우	리	는		차	례	대	로		자	동
우	리	는		차	례	대	로		자	동
차	에		올	랐	어	요	.			
차	에		올	랐	어	요	.			

( ) 안의 틀린 낱말을 바르게 써 볼까요?

책을 (차레)대로 읽어요.

문장에 맞게 띄어쓰기를 해 볼까요?

차례대로줄을섰어요.

정답 : 차례대로 줄을 섰어요.

창피(○) 챙피(×)

'창피'는 실수나 어리석은 행동 때문에 부끄러움을 느끼는 것을 뜻합니다.

동생이 창피하게 넘어졌어요.
아프지도 않으면서 크게 울어서 더 창피했어요.

따라서 써 볼까요?

뛰다 넘어졌으니 몹시 ∨

뛰다 넘어졌으니 몹시

창피한 노릇이에요.

창피한 노릇이에요.

(　　) 안의 틀린 낱말을 바르게 써 볼까요?

울면 (챙피)하지 않아?

문장에 맞게 띄어쓰기를 해 볼까요?

뭐든꼴찌를하면창피해요.

정답 : 뭐든 꼴찌를 하면 창피해요.

천장(○) 천정(×)

'천장'은 지붕의 안쪽을 뜻합니다.

다락방은 천장이 낮아요. 천장이 낮아서 머리를 잘 찧어요.

속담 : 손자 밥 떠먹고 천장 쳐다본다. → 겸연쩍은 짓을 해 놓고 모른 척한다는 뜻.

따라서 써 볼까요?

천장에서 쥐들이 시끄럽게 뛰었어요.

천	장	에	서		쥐	들	이		시	끄
천	장	에	서		쥐	들	이		시	끄
럽	게		뛰	었	어	요	.			
럽	게		뛰	었	어	요	.			

( ) 안의 틀린 낱말을 바르게 써 볼까요?

(천정)의 전등을 켰어요.

문장에 맞게 띄어쓰기를 해 볼까요?

무슨천장이저렇게높아?

정답 : 무슨 천장이 저렇게 높아?

촉촉이(○) 촉촉히(×)

'촉촉이'는 '물기가 있어 조금 젖은 듯이'라는 뜻입니다.

아침에 나가 보니 땅이 촉촉이 젖어 있었어요.
내 마음도 촉촉이 젖는 것 같았어요.

따라서 써 볼까요?

아	침	에		비	가		와	서		땅
아	침	에		비	가		와	서		땅
이		촉	촉	이		젖	었	어	요	.
이		촉	촉	이		젖	었	어	요	.

(　　) 안의 틀린 낱말을 바르게 써 볼까요?

(촉촉히) 비가 내려요.

문장에 맞게 띄어쓰기를 해 볼까요?

옷이촉촉이젖었어요.

정답 : 옷이 촉촉이 젖었어요.

치고받고(○) 치고박고(×)

'치고받고'는 서로 말로 다투거나 실제로 때리면서 싸운다는 뜻입니다.

친구와 처음에는 치고받고 말싸움을 하다 나중에는 치고받고 몸싸움을 했어요.
속담 : 닭 싸우듯. → 서로 엇바꾸어 가며 상대를 치고받고 싸우는 모습.

따라서 써 볼까요?

운동장에서 친구들끼리 ∨
운동장에서 친구들끼리

치고받고 싸웠어요.
치고받고 싸웠어요.

( ) 안의 틀린 낱말을 바르게 써 볼까요?

(치고박고) 싸웠어요.

문장에 맞게 띄어쓰기를 해 볼까요?

애들이치고받고싸워요.

정답 : 애들이 치고받고 싸워요.

칠흑(○) 칠흙(×)

'칠흑'은 '옻칠처럼 검고 광택이 있는'이라는 뜻입니다.

칠흑같은 밤에 요란하게 터지는 천둥.
칠흑같은 어둠이 무서워서 고함을 지르는 천둥.

따라서 써 볼까요?

달	빛	도		별	빛	도		없	는	
달	빛	도		별	빛	도		없	는	
칠	흑	같	은		밤	이	에	요	.	
칠	흑	같	은		밤	이	에	요	.	

( ) 안의 틀린 낱말을 바르게 써 볼까요?

(칠흙)같은 어둠 속이에요.

문장에 맞게 띄어쓰기를 해 볼까요?

칠흑처럼검은머리카락

정답 : 칠흑처럼 검은 머리카락

켤레(○) 켤레(×)

'켤레'는 짝이 되는 두 개를 한 벌로 세는 단위입니다.

나는 친구에게 장갑 한 켤레를 선물했어요.
친구도 나한테 양말 두 켤레를 선물했어요.

따라서 써 볼까요?

두 켤레의 구두를 반

두 켤레의 구두를 반

짝반짝하게 닦았어요.

짝반짝하게 닦았어요.

(   ) 안의 틀린 낱말을 바르게 써 볼까요?

장갑 한 (켤래)를 선물 받았어요.

문장에 맞게 띄어쓰기를 해 볼까요?

양말두켤레를샀습니다.

정답 : 양말 두 켤레를 샀습니다.

콩깍지(○) 콩깎지(×)

'콩깍지'는 콩을 털어 내고 남은 껍질을 뜻합니다.

콩깍지 안에 숨은 완두콩 두 알. 콩깍지가 마르면서 들켜 버린 완두콩 두 알.
속담 : 눈에 콩깍지가 씌었다. → 앞이 가리어 사물을 정확하게 보지 못한다는 뜻.

따라서 써 볼까요?

콩	깍	지	를		쓸	어	서		아	궁
콩	깍	지	를		쓸	어	서		아	궁
이		속	에		넣	었	어	요	.	
이		속	에		넣	었	어	요	.	

(　　) 안의 틀린 낱말을 바르게 써 볼까요?

바구니에 (콩깎지)가 가득해요.

문장에 맞게 띄어쓰기를 해 볼까요?

콩깍지만있고콩은없네.

정답 : 콩깍지만 있고 콩은 없네.

낱말 퀴즈 박사 되기

1

아래 글을 읽고, 맞는 단어에 ○해 볼까요?

1. 친구와 (잔디 / 잔듸)밭에서 게임을 하며 놀았어요.
2. 엄마는 새로 산 (장농 / 장롱)이 마음에 든대요.
3. 할머니는 멸치(젓갈 / 젓깔)이 제일 맛있다고 해요.
4. 우리 가족은 (찌게 / 찌개)를 좋아해요.
5. 다섯 번째가 내 (차례 / 차레)예요.
6. (챙피 / 창피)를 무릅쓰고 노래를 불렀어요.
7. 형 키가 너무 커서 (천장 / 천정)에 닿았어요.
8. 아침 이슬이 (촉촉히 / 촉촉이) 내렸어요.
9. 장갑 한 (켤레 / 켤래)를 잃어버렸어요.
10. 바짝 마른 (콩깎지 / 콩깍지)는 불에 잘 타요.

정답

1 1. 잔디 2. 장롱 3. 젓갈 4. 찌개 5. 차례 6. 창피 7. 천장 8. 촉촉이 9. 켤레 10. 콩깍지

2 1. 켤레 2. 찌푸리고 3. 촉촉이 4. 창피

3 1. 차례 2. 창피 3. 천장 4. 재떨이 5. 집게

2

낱말을 찾아 어린이 시를 완성해 볼까요?

- 촉촉이
- 켤레
- 찌푸리고
- 창피

제목 : 못된 동생

생일 선물로 받은 운동화 한 (   )
동생이 자기 거라며 얼른 신었어요.
내가 얼굴을 (   ) 노려보아도
모른 척했어요.
온 집 안을 돌아다니다
(   ) 젖은 마당까지 신고 나갔어요.
너무 속상해서
(   )한 줄도 모르고 엉엉 울고 말았어요.

3

끝말잇기에 맞는 낱말을 찾아볼까요?

- 재떨이
- 차례
- 창피
- 천장
- 집게

1. 고무줄 ▸▸ 줄자 ▸▸ 자동차 ▸▸ (   )
2. 배우 ▸▸ 우유 ▸▸ 유리창 ▸▸ (   )
3. (   ) ▸▸ 장관 ▸▸ 관찰 ▸▸ 찰흙
4. 천재 ▸▸ (   ) ▸▸ 이사 ▸▸ 사과
5. 영어 ▸▸ 어린이 ▸▸ 이웃집 ▸▸ (   )

통째로(○) 통채로(×)

'통째로'는 나누지 않은 덩어리 전체를 뜻합니다.

동생이 사과를 통째로 들고 먹었어요. 동생은 뭐든 통째로 먹으려고 해요.

속담 : 시장하면 밥그릇을 통째로 삼키나? → 배가 고파도 밥그릇을 통째로 삼킬 수는 없다는 뜻.

따라서 써 볼까요?

교실에서 필통을 통째

교실에서 필통을 통째

로 잃어버렸어요.

로 잃어버렸어요.

( ) 안의 틀린 낱말을 바르게 써 볼까요?

새우를 (통채로) 먹었어요.

문장에 맞게 띄어쓰기를 해 볼까요?

금고를통째로도둑맞았어요.

정답 : 금고를 통째로 도둑맞았어요.

통틀어(○) 통털어(×)

'통틀어'는 '있는 대로 모두 합하여'라는 뜻입니다.

내가 가진 돈은 통틀어 오백 원뿐이에요.
친구가 가진 돈은 통틀어 이천 원이나 된대요.

따라서 써 볼까요?

우리 반 애는 통틀어 ∨

우리 반 애는 통틀어

스물다섯 명이에요.

스물다섯 명이에요.

( ) 안의 틀린 낱말을 바르게 써 볼까요?

(통털어) 오백 원밖에 없어요.

문장에 맞게 띄어쓰기를 해 볼까요?

통틀어열자루의연필

정답 : 통틀어 열 자루의 연필

틈틈이(○) 틈틈히(×)

'틈틈이'는 '틈이 난 곳마다, 또는 겨를이 있을 때마다'의 뜻입니다.

많이 놀고 틈틈이 공부하는 것이 좋을까?
틈틈이 놀고 많이 공부하는 것이 좋을까?

따라서 써 볼까요?

공부를 하다가 틈틈이 ∨

공부를 하다가 틈틈이

게임을 했어요.

게임을 했어요.

(   ) 안의 틀린 낱말을 바르게 써 볼까요?

(틈틈히) 사 온 책이 많아요.

문장에 맞게 띄어쓰기를 해 볼까요?

틈틈이듣는반가운소식!

정답 : 틈틈이 듣는 반가운 소식!

팔꿈치(○) 팔굼치(×)

'팔꿈치'는 팔의 위아래 마디가 붙은 관절의 바깥쪽을 뜻합니다.

친구가 연필로 팔꿈치를 찔렀어요. 나도 친구 팔꿈치를 때려 줬어요.
속담 : 제 팔꿈치는 물지 못한다. → 빤히 보면서도 이러지도 저러지도 못한다는 뜻.

따라서 써 볼까요?

친구가 팔꿈치로 나를 ∨
꾹 찔렀어요.

( ) 안의 틀린 낱말을 바르게 써 볼까요?

(팔굼치)를 다쳤어요.

문장에 맞게 띄어쓰기를 해 볼까요?

갑자기팔꿈치가아팠어요.

정답 : 갑자기 팔꿈치가 아팠어요.

팔짱(○) 팔장(×)

'팔짱'은 자기의 양쪽 팔을 마주 끼어 두 겨드랑이 밑으로 넣거나 옆 사람의 팔에 자신의 팔을 끼는 것입니다.

형이 팔짱을 끼고 다리가 아픈 엄마를 부축했어요. 나도 엄마 팔짱을 끼고 부축했어요.

따라서 써 볼까요?

형이 팔짱을 풀고 조

형이 팔짱을 풀고 조

용히 말을 했어요.

용히 말을 했어요.

( ) 안의 틀린 낱말을 바르게 써 볼까요?

엄마와 (팔장)을 끼었어요.

문장에 맞게 띄어쓰기를 해 볼까요?

팔짱을끼고노려보았어요.

정답 : 팔짱을 끼고 노려보았어요.

포근히(○) 포근이(×)

'포근히'는 날씨가 바람이 없고 따뜻하다는 뜻과
물건이나 자리 따위가 보드랍고 따뜻하다는 뜻입니다.

동생이 솜이불을 포근히 덮고 잠이 들었어요. 포근히 덮은 이불이 참 따뜻해 보였어요.

따라서 써 볼까요?

솜이불을 포근히 덮고 ∨

솜이불을 포근히 덮고

잠이 들었어요.

잠이 들었어요.

(　　) 안의 틀린 낱말을 바르게 써 볼까요?

(포근이) 잠든 동생이 귀여워요.

문장에 맞게 띄어쓰기를 해 볼까요?

엄마품에포근히안겼어요.

정답 : 엄마 품에 포근히 안겼어요.

풋내기(○) 풋나기(×)

'풋내기'는 경험이 없어서 일에 서투른 사람을 뜻합니다.

아빠도 풋내기 시절이 있었대요.
누구나 풋내기 시절을 거쳐 어른이 되나 봐요.

따라서 써 볼까요?

형	이		나	를		풋	내	기	라	고	∨
형	이		나	를		풋	내	기	라	고	
놀	렸	어	요	.							
놀	렸	어	요	.							

(　　) 안의 틀린 낱말을 바르게 써 볼까요?

아무것도 모르는 (풋나기)예요.

문장에 맞게 띄어쓰기를 해 볼까요?

풋내기라는말이싫어요.

정답 : 풋내기라는 말이 싫어요.

하마터면(○) 하마트면(×)

'하마터면'은 '조금만 잘못했더라면'의 뜻입니다.

길을 걷다 하마터면 넘어질 뻔했어요.
넘어지면서 하마터면 웅덩이에 빠질 뻔했어요.

따라서 써 볼까요?

버스에서 내리다 하마터면 넘어질 뻔했다.

버스에서 내리다 하마터면 넘어질 뻔했다.

(　　) 안의 틀린 낱말을 바르게 써 볼까요?

(하마트면) 지각할 뻔했어요.

문장에 맞게 띄어쓰기를 해 볼까요?

하마터면못만날뻔했어요.

정답 : 하마터면 못 만날 뻔했어요.

한편(○) 한켠(×)

'한편'은 두 가지 상황을 말할 때 한 상황을 말한 다음,
다른 상황을 말하는 것입니다. 어느 한쪽이라는 뜻도 있습니다.

김유신 장군은 부하들을 이끄는 한편 구원병을 요청했어요.
구원병을 요청하는 것도 힘들었지만 한편으로 부하들을 이끄는 것도 쉽지 않았어요.

따라서 써 볼까요?

한편 우리 측의 손해도 엄청났습니다.

( ) 안의 틀린 낱말을 바르게 써 볼까요?

고마우면서도 (한켠) 미안한 내 친구

문장에 맞게 띄어쓰기를 해 볼까요?

깨를터는한편콩도딴다.

정답 : 깨를 터는 한편 콩도 딴다.

해님(○) 햇님(×)

'해님'은 해를 높인 말입니다.

아침이 되자 해바라기가 해님 보고 방긋 웃어요.
나팔꽃도 해님 보고 방긋 웃고요.

따라서 써 볼까요?

갑	자	기		해	님	이		사	라	지
갑	자	기		해	님	이		사	라	지
고		비	가		쏟	아	졌	어	요	.
고		비	가		쏟	아	졌	어	요	.

(   ) 안의 틀린 낱말을 바르게 써 볼까요?

(햇님)이 숨바꼭질을 해요.

문장에 맞게 띄어쓰기를 해 볼까요?

장미꽃이해님을닮았어요.

정답 : 장미꽃이 해님을 닮았어요.

해돋이(○) 해도지(×)

'해돋이'는 해가 막 솟아오르는 때를 뜻합니다.

우리 가족은 새해가 되자 해돋이를 구경하러 갔어요.
해돋이 구경하러 온 사람이 엄청 많았어요.

따라서 써 볼까요?

산	에		올	라		해	돋	이	를	
산	에		올	라		해	돋	이	를	
기	다	렸	어	요	.					
기	다	렸	어	요	.					

(　　) 안의 틀린 낱말을 바르게 써 볼까요?

(해도지)를 보려면 서둘러라!

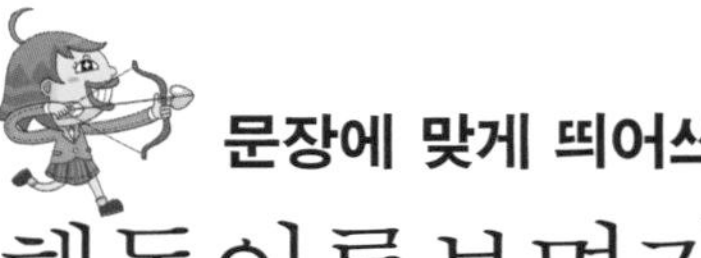

문장에 맞게 띄어쓰기를 해 볼까요?

해돋이를보며기도를해요.

정답 : 해돋이를 보며 기도를 해요.

핼쑥하다(○) 핼쓱하다(×)

'핼쑥하다'는 얼굴에 핏기가 없고 파리하다는 뜻입니다.

며칠 앓았다고 눈에 띄게 핼쑥해진 내 동생.
핼쑥해진 동생이 불쌍했어요.

따라서 써 볼까요?

동	생	이		감	기	를		앓	고	
동	생	이		감	기	를		앓	고	
나	더	니		핼	쑥	해	졌	어	요	.
나	더	니		핼	쑥	해	졌	어	요	.

(　　) 안의 틀린 낱말을 바르게 써 볼까요?

몹시 (핼쓱)해졌어요.

문장에 맞게 띄어쓰기를 해 볼까요?

핼쑥하니까아파보여요.

정답 : 핼쑥하니까 아파 보여요.

휴게실(○) 휴개실(×)

'휴게실'은 잠깐 동안 머물러 쉴 수 있는 장소를 뜻합니다.

외가에 갈 때면 꼭 고속도로 휴게실에 들러요.
휴게실에서 제일 맛있는 음식은 우동이에요.

따라서 써 볼까요?

고	속	도	로		휴	게	실	에	서	
고	속	도	로		휴	게	실	에	서	
우	동	을		먹	었	어	요	.		
우	동	을		먹	었	어	요	.		

(　　) 안의 틀린 낱말을 바르게 써 볼까요?

(휴개실)로 들어갔어요.

문장에 맞게 띄어쓰기를 해 볼까요?

휴게실은항상복잡해요.

정답 : 휴게실은 항상 복잡해요.

희한하다(○) 희안하다(×)

'희한하다'는 매우 드물거나 신기하다는 뜻입니다.

박물관에서 본 희한한 주전자.
다른 사람들도 주전자가 희한하대요.

따라서 써 볼까요?

친 구 가 희 한 한 옷 을

입 고 학 교 에 왔 어 요 .

(　　) 안의 틀린 낱말을 바르게 써 볼까요?

(희안한) 소문이 돌았어요.

문장에 맞게 띄어쓰기를 해 볼까요?

참희한한일이생겼어요.

정답 : 참 희한한 일이 생겼어요.

낱말 퀴즈 박사 되기

1

아래 글을 읽고, 맞는 단어에 ○해 볼까요?

1. 학원에서 가방을 (통째로 / 통채로) 잃어버렸어요.
2. 우리 마을에는 도서관이 (통틀어 / 통털어) 두 곳이에요.
3. 형은 (틈틈이 / 틈틈히) 영어 공부를 해요.
4. 친구가 (팔굼치 / 팔꿈치)를 세게 때렸어요.
5. 엄마와 다정하게 (팔짱 / 팔장)을 끼고 걸었어요.
6. 아기가 엄마 품에 (포근히 / 포근이) 안겼어요.
7. 친구를 (하마트면 / 하마터면) 못 만날 뻔했어요.
8. (햇님 / 해님)이 사라지고 소나기가 쏟아졌어요.
9. 새해 첫날에 (해돋이 / 해도지)를 보러 갔어요.
10. 고속도로 (휴게실 / 휴개실)에는 맛있는 것이 많아요.

정답

1 1. 통째로 2. 통틀어 3. 틈틈이 4. 팔꿈치 5. 팔짱 6. 포근히 7. 하마터면 8. 해님 9. 해돋이 10. 휴게실

2 1. 희한하게 2. 통째로 3. 핼쑥해

3 1. 해돋이 2. 해님 3. 팔꿈치 4. 팔짱 5. 휴게실

2

낱말을 찾아 어린이 시를 완성해 볼까요?

- 통째로
- 희한하게
- 핼쑥해

제목 : 왜 부끄럽지?

선생님이 내 이름을 부르면
(　　　) 얼굴부터 빨개진다.
일어나서 발표를 하려고 하면
떡을 (　　　) 삼킨 것처럼
목이 꽉 잠긴다.
얼마나 힘이 들었는지
친구가 내 얼굴을 보고 놀란다.
"어디 아파? 얼굴이 엄청 (　　　)."

3

끝말잇기에 맞는 낱말을 찾아볼까요?

- 해돋이
- 휴게실
- 팔짱
- 팔꿈치
- 해님

1. 잎새 ▸▸ 새해 ▸▸ (　　　　) ▸▸ 이름
2. 약수물 ▸▸ 물새 ▸▸ 새해 ▸▸ (　　　　)
3. 오른팔 ▸▸ (　　　　) ▸▸ 치약 ▸▸ 약국
4. 바나나 ▸▸ 나팔 ▸▸ (　　　　)▸▸ 짱구
5. 가오리연 ▸▸ 연휴 ▸▸ (　　　　) ▸▸ 실내화

생각디딤돌 창작교실 엮음
생각디딤돌 창작교실은 소설가, 동화작가, 시인, 수필가, 역사학자, 교수, 교사 들이 참여하는 창작 공간입니다.
주로 국내 창작 위주의 책을 기획하며 우리나라 어린이들이 외국의 정서에 앞서 우리 고유의 정서를 먼저 배우고 익히기를 소원하는 작가들의 모임입니다.
『마법의 속담 따라 쓰기(전4권)』『마법의 사자소학 따라 쓰기(전2권)』『마법의 탈무드 따라 쓰기(전2권)』 등을 펴냈습니다.

문학나무편집위원회 감수
소설가 윤후명 선생님을 비롯한 많은 소설가, 시인, 평론가 등이 활동하며 문예지 〈문학나무〉를 발간하고 있습니다.

동리문학원 감수
소설가 황충상 원장님이 이끌어가는 창작 교실로 우리나라의 많은 문학 작가들의 활동 무대입니다.

마법의 맞춤법 띄어쓰기
1-2 틀리기 쉬운 낱말 완전 정복(ㅅ~ㅎ)

초판 1쇄 발행 / 2021년 08월 10일
초판 3쇄 인쇄 / 2024년 12월 25일

엮은이 —— 생각디딤돌 창작교실
감　수 —— 문학나무편집위원회, 동리문학원
펴낸이 —— 이영애
펴낸곳 —— 도서출판 생각디딤돌
출판등록 2009년 3월 23일 제135-95-11702
전화 070-7690-2292 팩스 02-6280-2292

ISBN 978-89-93930-54-2(64710)
978-89-93930-52-8(세트)